Trainingsplanung für das Krafttraining über einen Zeitraum von mindestens 6 Monaten

Carsten Krause

Bibliografische Information der Deutschen Nationalbibliothek:

Die Deutsche Nationalbibliothek verzeichnet diese Publikation in der Deutschen Nationalbibliografie; detaillierte bibliografische Daten sind im Internet über http://dnb.d-nb.de abrufbar.

ISBN: 9783389056042
Dieses Buch ist auch als E-Book erhältlich.

Druck und Bindung: Books on Demand GmbH, Norderstedt Germany
Gedruckt auf säurefreiem Papier aus verantwortungsvollen Quellen

Das vorliegende Werk wurde sorgfältig erarbeitet. Dennoch übernehmen Autoren und Verlag für die Richtigkeit von Angaben, Hinweisen, Links und Ratschlägen sowie eventuelle Druckfehler keine Haftung.

Das Buch bei GRIN: https://www.grin.com/document/1495629

Deutsche Hochschule für

Prävention und Gesundheitsmanagement

Hermann-Neuberger-Sportschule 3

66123 Saarbrücken

Hausarbeit

Name, Vorname	Krause, Carsten
Studiengang	BA Fitnessökonomie
Studienmodul	Trainingslehre 1
Datum Präsenzphase (siehe Ergebnisdokumentation)	16.08. – 19.08.2021
Aufgabe	Erstellen Sie für eine beliebige Person eine Trainingsplanung für das Krafttraining über einen Zeitraum von mindestens sechs Monaten.

Inhaltsverzeichnis

1 Diagnose

1.1 Allgemeine biometrische Daten

Tabelle 1: Allgemeine Daten der Probandin

Alter	25 Jahre
Geschlecht	Weiblich
Körpergröße	170 cm
Körpergewicht	67 kg
Trainingsmotive	Rückenschmerzen lindern, Blutdruck Senken, Muskelaufbau
Berufliche Tätigkeit	Kaufmännische Sachbearbeiterin, sitzende Tätigkeit in Vollzeit
Aktuelle sportliche Aktivitäten	Reiten
Frühere sportliche Aktivitäten	Tanzen
Zeitlicher Verfügungsrahmen	Zwei Trainingseinheiten (60 Minuten) pro Woche

Tabelle 2: Biometrische Daten der Probandin

| Blutdruck nach RR gemessen: Systolisch: 128 mmHg Diastolisch: 86 mmHg | Norm: Die Norm für einen normal systolischen Blutdruck ist 120-129 mmHg und der normale diastolische Blutdruck ist 80-89 mmHg nach ESH/ESC (Deutsches Ärzteblatt Int, Ausgabe 115, 2018, S. 557-567) | Der Blutdruck liegt laut der Blutdruck-Normtabelle nach European-Society of Cardiology (ESC) und der European Society of Hypertension (ESH) im Normalbereich. Nach ärztlicher Rücksprache ist es der Probandin jedoch nahegelegt den Blutdruck |

		durch gerätegestütztes Krafttraining zu senken
Sonstiges: Rückenschmerzen		Durch die tägliche sitzende Tätigkeit im Büro ist keine kräftige Rückenmuskulatur vorhanden, um die Wirbelsäule zu stabilisieren.
In ärztlicher Behandlung		Die Probandin befindet sich in orthopädischer Behandlung in Form von wöchentlichen Massagen
Medikamente		Antibabypille

Die Probandin ist aufgrund ihrer Rückenschmerzen in orthopädischer Behandlung in Form von wöchentlichen Massagen. Die Rückenschmerzen sind auf die sitzende Tätigkeit im Büro und daher die geschwächte Rückenmuskulatur zurückzuführen. Es bestehen keine internistischen Probleme. Nach Klassifikation der ESC und ESH befindet sich der systolische Blutdruck 128mmHG und der diastolische 83mmHG Blutdruck im Normalbereich. Ein gerätegestütztes Krafttraining ist ohne Einschränkungen möglich, da bei der Probandin keine Verletzungen oder Beeinträchtigungen vorliegen. Besonders sollte die Rückenmuskultur während des Trainings beachtet und gezielt gestärkt werden.

1.2 Krafttestung

Zur Ermittlung der Trainingsintensität wurde mit der Probandin ein Mehrwiederholungstest der sogenannte X-RM Test durchgeführt. Die Probandin hat bisher nur eine Einführungsphase von 2 Monaten im Krafttraining bewältigt. Daher ist die Trainierende als Beginner einzugliedern. Der X-RM Test ist zur Ermittlung der Testendergebnisse für einen Beginner besser geeignet, da die Sehnen und Bänder den hohen Belastungen noch nicht ausgesetzt waren. Das Risiko einer Verletzung wäre bei einem 1-RM Test der Maximalgewichtstestung zu hoch. Das Ziel des X-RM Tests ist es nach Angabe der Wiederholungszahl von 20 Wiederholungen das Trainingsgewicht auszutesten. Mit dem ermittelten Gewicht soll folglich im Mesozyklus trainiert werden.

Nach einer 5-10-minütigen Aufwärmphase an dem Cardiogerät, welches zur mentalen Vorbereitung auf den anstehen X-RM Test, sowieso für die Erhöhung der Körpertemperatur und der Anregung des Herz-Kreislaufs dient, folgt der X-RM Test.

Für jede Übung werden drei Testsätze durchgeführt. Es soll das optimale zu bewältigende Gewicht für 20 Wiederholungen ermittelt werden.

Zwischen den einzelnen Testsätzen wird eine Satzpause von ungefähr 120-180 Sekunden durchgeführt, um den folgenden Testsatz mit der vollen Leistung zu bestreiten. Das Gewicht wurde bei den Übungen jeweils nach dem subjektiven Belastungsempfinden erhöht und der einzelnen Testsätze angepasst. Die Testendergebnisse stellen das maximal zu bewältigendem Gewicht bei 20 Wiederholungen dar.

Tabelle 3: Testergebnisse der Testübungen

Kraftgerät	WH	1.Testsatz	2.Testsatz	3.Testsatz	Testendergebnis
Rückenstrecker	20	20kg	25kg	30kg	30kg
Bauchmuskelmaschine	20	25kg	30kg	/	30kg
Beinpresse	20	50kg	60kg	65kg	65kg
Rudern stehend Seilzug	20	10kg	12kg	14kg	14kg
Latzug	20	15kg	20kg	25kg	25kg
Beinbeuger	20	15kg	20kg	/	20kg

Im Folgenden wird die Probandin im ersten Mesozyklus mit 20 Wiederholung und einer Intensität von 50-70% arbeiten. Anhand der dokumentierten Ergebnisse können in den ersten Wochen des Mesozyklus Erfolge in Bezug auf der Steigerung der Intensität gemessen werden. Am Ende des ersten Mesozyklus wird ein erneuter X-RM Test mit 20 Wiederholungen durchgeführt. Dieser soll Aufschluss über den erreichten Kraftzuwachs erbringen.

2 Zielsetzung/Prognose

Tabelle 4: Trainingsziele

Inhalt	Ausmaß	Zeit
Rückenschmerzen lindern	Nach der Numerischen Rating Skala (NRS) von 1 (keine Schmerzen) bis 10 sehr starke Schmerzen, soll der Wert von 6 auf 3 gesenkt werden	6 Monate

Stärkung der Muskulatur	Der Kraftzuwachs soll um 20% zum ersten 20 Wiederholungskrafttest und um 5-10% Muskelzuwachs erhöht werden	6 Monate
Senkung des Blutdrucks	Der aktuelle Wert des Blutdrucks im Hochnormalen Bereich von systolisch 128 mmHg und diastolisch 86 mmHg soll einen optimalen Wert von systolisch 119mmHg und einem diastolischen Wert von 79mmHg aufweisen	6 Monate

Die Trainierende klagt über starke Rückenschmerzen (eine 6 der NRS Skala), welche durch die überwiegend sitzende Tätigkeit im Alltag auftreten. Besonders im Reitsport sind eine starke Rückenmuskulatur und Stabilisation von hoher Bedeutung, um eine korrekte Haltung einzunehmen. Auch während der täglichen Arbeit leidet die Probandin an Konzentrationsschwächen durch die anhaltenden Schmerzen. Es wird vor dem Makrozyklus anhand der NRS Skala eine Datenermittlung und nach dem Makrozyklus ausgefüllt, um einen nachweislichen Erfolg zu ermitteln.

Die Trainierende möchte besonders im Rückenbereich und im Gesäß die abgeschwächten Muskeln durch die sitzende Tätigkeit mit Hilfe des Krafttrainings stärken.

Die Wirbelsäulenstabilität soll zu einer besseren Körperhaltung führen, bekräftigt durch den Muskelzuwachs. Zum Beginn des Makrozyklus wird eine bioelektrische Impedanzanalyse von Tanita und ein 20-RM Test durchgeführt. Am Ende des Makrozyklus wird dies wiederholt, um eine Erfolgskontrolle zu dokumentieren.

Ebenso sollte der Blutdruck, der sich im Hochnormalen Bereich nach der Normtabelle der ESC/ESH befindet mit einem systolischen Blutdruck von 128mmHG und einem diastolischen Blutdruck von 83mmHg, gesenkt werden. Das Ziel ist es, dass sich der Blutdruck in einem optimalen Bereich von systolisch 110-119mmHg und diastolisch 75-79mmHg nach dem Makrozyklus befindet. Der Blutdruck wird vor dem Makrozyklus und nach dem Makrozyklus ärztlich nach RR gemessen und dokumentiert.

3   Trainingsplanung Makrozyklus

Tabelle 5: Darstellung des Makrozyklus

	Mesozyklus 1	Mesozyklus 2	Mesozyklus 3	Mesozyklus 4
Zyklusdauer	6 Wochen	8 Wochen	8 Wochen	6 Wochen
Trainingsme-thodik	Kraftausdauer	Übergangstrai-ning	Hypertrophie	Maximalkraft-training
Organisati-onsform	GK/Station	GK/Station	GK/Station	GK/Station
Häufigkeit/ Woche	2	2	2	2
Übungen/ Muskel-gruppe	2	2	2	2
Sätze/Übung	2	2	2	2
Intensität	50-70% 20 RM Test	50-70% 15 RM Test	50-70% 10 RM Test	50-70% 5 RM Test
Wiederholun-gen	20	15	10	5
Satzpausen	60 Sek.	60 Sek.	120 Sek.	180 Sek.
Bewegungs-tempo	2:0:2	2:0:2	2:0:2	2:0:2

Für den folgenden Makrozyklus der Trainierenden wurde die Individuelle-Leistungsbild-Methode (ILB-Methode) ausgewählt. Im Voraus wurde ein X-RM Test mit der Probandin durchgeführt, welcher die geeigneten Gewichte für eine Mehrwiederholung von 20 Wiederholungen ermittelt hat. Dieser Methode ist für Beginner besser geeignet als eine 1 RM Testung des Maximalgewichts (Marschall & Fröhlich, 1999, S. 313). Die ILB Methode wurde für diesen Makrozyklus gewählt, da Sie für alle Leistungsstufen anwendbar ist und anhand des Grobrasters die progressive Leistungssteigerung der Trainierenden angepasst werden kann (Strack & Eifler, 2005, S. 153-160). Hinsichtlich der Anpassung an die Leistungsstufe auf die Belastung sollen Überbelastungen und Verletzungen verhindert werden. Besonders wichtig für die Einteilung in das ILB-Grobraster ist das Trainingsalter. Je nachdem wie lange die Trainierende schon Erfahrungen mit dem   Krafttraining gemacht hat, wird Sie in die folgenden Leistungsstufen eingeteilt (modifiziert nach Strack & Eifler, 2005, S. 153).

In alle Mesozyklen beträgt die Belastungshäufigkeit 2 Trainingseinheiten pro Woche, da bei Trainingsbeginnern mit wesentlichen Kraftzuwüchsen zu rechnen ist (Wirth, Atzor und Schmidtbleicher, 2007, S. 180).

Pro Muskelgruppe sind zwei Übungen gewählt worden. Bei dieser Organisationsform des Ganzkörpertrainings werden die Muskelgruppen eingeteilt in Beine und Gesäß, oberer und unterer Rücken, sowie Bauch und Brust. Nach Preuss handelt es sich hier um ein Mehrsatztraining (Preuss et al. 2006). Die Ergebnisse der Studie nach Fröhlich weisen auf, dass ein höherer Kraftzuwachs bei einem Mehrsatztraining erzielt werden kann (modifiziert nach Fröhlich et al., 2010, S. 164).

Während des gesamten Makrozyklus wird die Trainierende ein Ganzkörpertraining absolvieren. Der Fokus liegt hierbei auf dem Mehrsatztraining mit 2 Trainingseinheiten pro Woche, um alle Hauptmuskulaturen zu beanspruchen. Nach Vorgabe der durchzuführenden Sätze und Wiederholungen wird jede Station nach der nächsten durchgeführt. Daraus resultiert eine gewünschte Muskelermüdung und einem entsprechenden Kraftzuwachs.

Der Makrozyklus der Probandin ist für 6 Monate angesetzt. Dieser ist unterteilt in vier Mesozyklen mit einem jeweiligen Zeitraum von 6-8 Wochen. In den ersten beiden Mesozyklen soll die Kraftausdauer trainiert werden und die Trainierende soll an die hohen Belastungen langsam gewöhnt werden. In den zwei folgenden Mesozyklen soll das Ziel des Kraftzuwachs realisiert werden. Die Intensität wird gesteigert und die Wiederholungszahl wird gesenkt, mit dem Effekt, dass neue Muskelreize gesetzt werden.

4 Trainingsplanung Mesozyklus

Tabelle 6: Darstellung des Mesozyklus 1

Zyklusdauer	Trainingsziel	Trainingsein- heiten/ Woche	Organisati- onsform	Übungen/ Muskel- gruppe
6 Wochen	Kraftausdauer	2	GK/Stationen	2

Tabelle 7: Übungsauswahl Mesozyklus 1

Übung	Sätze/ Übung	Satzpause	Wiederho- lungszahl	Intensität	Bewe- gungs- tempo
Beinpresse	2	60 Sek.	20	15kg	2:0:2
Beinbeuger	2	60 Sek.	20	10kg	2:0:2
Ruderma- schine	2	60 Sek.	20	7kg	2:0:2
Rückenstre- cker	2	60 Sek.	20	15kg	2:0:2
Brustpresse	2	60 Sek.	20	15kg	2:0:2
Bauchmus- kelma- schine	2	60 Sek.	20	15kg	2:0:2

In dem ersten Mesozyklus wird die Kraftausdauer mit einer Intensität von 50% trainiert. Es werden nur gerätegestützte Trainingsmethoden verwendet, welches für die Beginnerin eine korrekte Ausführung ermöglicht. Es erfolgt eine korrekte abgestimmte Geräteein-stellung, wodurch Verletzungen verhindert werden sollen und der Probandin somit einen erleichterten Einstieg in das Krafttraining gewährt.

Das Hauptziel des Mesozyklus 1 ist es die Wirbelsäule und die Rumpfmuskulatur zu stabilisieren. Eine mögliche Ursache für die Schmerzen im Rückenbereich ist auf die Fascia thoracolumbalis zurückzuführen, welches in der Studie von Schilder dargelegt wird (Klinische Neurophysiologie 2013; 44 - P51). Die von außen wirkenden Lasten kön-nen durch eine verspannte Fascia thoracolumbalis über größere Wirbelsäulenabschnitte verteilt werden (Gottlob, 2013, S.173).

Im Folgenden werden die Übungen des Mesozyklus 1 des Kraftausdauertrainings vorge-stellt. Beginnen wird die Trainierende mit der Beinpresse. Das Ziel dieser Übung ist es den gluteus maximus und den quadriceps femoris zu kräftigen. Eine der unterstützenden Muskulaturen ist der erector spinae, der für die Aufrichtung der Wirbelsäule fungiert und für eine bessere Haltung der Probandin sorgt. Als Gegenspieler des quadriceps femoris wird in der zweiten Übung der biceps femoris an der Beinbeugermaschine trainiert.

Bei dieser Übung werden folgende Muskeln der Oberschenkelrückseite trainiert der musculus semimembranosus, musculus semitendinosus und der musculus biceps femoris. Diese Muskeln sind durch den modernen Lebensstil des Sitzens oft nicht genug trainiert und neigen dazu, dass diese abgeschwächt sind und zu Schmerzen im Lendenbereich führen können. Die ischiocrurale Muskulatur stabilisiert die Hüfte und damit die Lendenwirbelsäule. Die dritte Übung des Mesozyklus 1 wird an der Rudermaschine sitzend durchgeführt. Hier wird der latissimus dorsi, M. trapezius und die rhomboiden gestärkt. Diese Übung wurde gewählt, um die Verspannung der diagonalen Zugrichtung des Fascia thoracolumbalis zu lösen. Daraufhin wird die Wirbelsäule weiterhin stabilisierend trainiert. Durch den Maschinenaufbau und der Hilfe eines Brustpolsters wird die Ausführung vereinfacht, um zu verhindern, dass eine Fehlhaltung des Rundrückens eingenommen wird. Somit sollen Verletzungen oder Verspannungen verhindert werden.

Die vierte Übung wird an der Rückenstreckermaschine durchgeführt. Der Fokus dieser Übung liegt auf dem erector spinae mit der Hauptfunktion der autochtonen Muskulatur der Aufrichtung der Wirbelsäule. Dies führt zu einer Stärkung der Wirbelsäule und vermindert die Rückenschmerzen. Um muskuläre Dysbalancen zu verhindern, wird in der fünften Übung der pectoralis major an der Brustpresse trainiert. Durch die maschinelle Führung und der Stütze des Brustkissens werden Fehlhaltungen vermieden.

In der letzten Übung wird an der Bauchmuskelmaschine trainiert. Hierbei ist es das Ziel die Muskeln des rectus abdominis, internus abdominis und transversus abdominis zu stärken. Als Antagonist zum erector spinae wird somit die Funktion der Flexion der Wirbelsäule nach vorne trainiert, um auch hier muskuläre Dysbalancen zu verhindern. Durch das Trainieren wirkt der Druck der Bauchwand erhöht mit dem Effekt der Steigerung der Beckenbodenmuskulatur.

5   Literaturrecherche

Tabelle 8 Diabetologie und Stoffwechsel 2012; Vergleich der Effekte von zwei Krafttrainingsmethoden als spezifische Trainingsintervention bei Patienten mit Diabetes mellitus Typ 2– Hypertrohpiekrafttraining versus Kraftausdauertraining

Studienleitung	Andree Hillebrecht
Jahr	2012
Forschungsfrage	Welche Effekte haben ein Hypertrophietraining und ein Kraftausdauertraining bei Patienten mit der Diagnose Diabetes mellitus Typ 2
Versuchspersonen	Bei dieser Studie wurden insgesamt 90 Männer und Frauen im Alter von 48-77 Jahren zufällig in drei verschiedene Gruppen eingeteilt.
Versuchsaufbau	Über 6 Monate werden die Testpersonen in verschiedene Trainingsmethoden involviert. Die erste Gruppe gilt hierbei als Kontrollgruppe. Im Verlauf der Studie wird die zweite Gruppe ein Hypertrophietraining mit 10-12 Wiederholungen absolvieren. Im Gegensatz zur zweiten Gruppe wird Gruppe drei nach dem Kraftausdauertraining mit 25-30 Wiederholungen mit einer 4-wöchigen Eingewöhnungsphase und einer fünfmonatigen Trainingsphase beginnen. Vor dem Start der Studie wurden bei allen Probanden genau dokumentiert wie viele Medikamente eingenommen werden und welcher HbA1C-Wert vorliegt. Bei einem HbA1C-Wert handelt es sich um eine Unterform des Hämoglobins von Erwachsenen um den durchschnittlichen Zuckergehalt im Blut zu bestimmen.
Ergebnisse und Schlussfolgerungen	Bei der Kontrollgruppe wurde die Medikamentendosis durch den behandelnden Arzt erhöht, da keine sportliche Tätigkeit vorlag stieg der HbA1C-Wert minimal um 0,1% an. In der Gruppe zwei des Hypertrophietrainings konnte eine Senkung des HbA1C-Wertes von 6,73% auf 6,44% dokumentiert werden. Die dritte Gruppe des Kraftausdauertrainings hat eine höhere Senkung von 6,99%

auf 6,38% erzielen können. Anhand der Analyse der Daten ist folglich zu schließen, dass eine sportliche Aktivität in Form eines Hypertrophietrainings oder einem Kraftausdauertrainings signifikante Effekte der Senkung des HbA1C-Werts erzielen kann. Somit sollten man den Patienten mit der Diagnose Diabetes mellitus Typ 2 unbedingt auf eine Krafttrainingsmethode zurückzugreifen, um die Einnahme der Medikamente zu reduzieren und den HbA1C-Wert zu senken.

Tabelle 9 Site-Specific Effects of Strength Training on Bone Structure and Geometry of Ultradistal Radius in Postmenopausal Women

Studienleitung	Silvano Adami M.D., Davide Gatti, Vania Braga, Donatella Bianchini, Maurizio Rossini
Jahr	2009
Forschungsfrage	Es soll untersucht werden welche Wirksamkeit die Bewegung in Form von Krafttraining auf die Vorbeugung und Behandlung von Osteoporose hat.
Versuchspersonen	Bei dieser Studie haben 250 Frauen in der Postmenopause im Alter von 52-72 Jahren an einem 6-monatigen Trainingsprogramm teilgenommen
Versuchsaufbau	Die Einschlusskriterien für die Teilnahme waren > 5Jahre postmenopausal, Höchstalter 72 und ein Body-Mass-Index von 20-29. Die Frauen wurden in zwei Gruppen eingeteilt. 125 Frauen haben an einem 6-monatigen Trainingsprogramm teilgenommen und 125 Frauen dienten der Kontrollgruppe. Die Trainingsgruppe hat zwei Mal pro Woche trainiert. Inhalt des Trainings war ein Aufwärmprogramm in Form von leichtem Gehen und einem Krafttraining mit dem Körpergewicht oder leichten Hanteln. Der Fokus wurde bei diesem Training auf die Stärkung der Handgelenke und des Unterarms gelegt. Der Knochenmineralgehalt des Handgelenks wurde mit einem peripheren DXA- Instrument (Os-

	teograph; NIM;Verona) gemessen. Dies wurde sowohl vor Beginn als auch nach Beendigung des 6-monatigen Trainingsprogramms durchgeführt, um die Veränderung des Knochens zu ermitteln.
Ergebnisse und Schlussfolgerungen	Bei der Kontrollgruppe waren keine Veränderungen messbar, da der Lebensstil der Frauen nicht verändert wurde und diese keinen Sport durchgeführt haben. Bei den Frauen der Sportgruppe wurden minimale Stärkungen der Knochendichte gemessen. Bei dem kortikalen Knochen oder auch die steifste äußere Region des Knochens konnte eine Zunahme der Querschnittsfläche um 2,8% dokumentiert werden. Daraus lässt sich schließen, dass ein Krafttraining einen Effekt auf die Erhöhung der Knochendichte hat und dies Präventiv gegen Osteoporose wirken kann.

6 Literaturverzeichnis

A. Schilder Klinische Neurophysiologie, (2013); 44 - P51 Der relative Beitrag der Fascia thoracolumbalis an der Entstehung von Rückenschmerzen beim Menschen

Silviano Adami M.D.; (2009); Site-Specific Effects of Strength Training on Bone Structure and Geometry of Ultradistal Radius in Postmenopausal Women

Eifler, C., (2000). Krafttraining nach der ILB-Methode – Eine empirische Überprüfung Der Trainingseffekte bei Anfängern und Fortgeschrittenen. Saarbrücken Universität des Saarlandes

Wirth, K., Atzor, K. R., & Schmidtbleicher, D. (6 2007), Veränderungen der Muskelmasse in Abhängigkeit von Trainingshäufigkeit und Leistungsniveau. Deutsche Zeitschrift für Sportmedizin, S. 178-183.

Strack, a., & Eifler, C. (2005). The individual lifting performance method (ILP) – a Practical method for fitness and recreational strength training. In J. Gießling, M. Fröhlich, & P. Preus, Current Results of strength training (S. 153- 163). Hildesheim Cuvillier.

13/

7   Tabellenverzeichnis